Libros de energía para madrugadores

EL CALOR

POR SALLY M. WALKER
FOTOGRAFÍAS POR ANDY KING

EDICIONES LERNER • MINNEAPOLIS

Fotografías adicionales reproducidas con la autorización de: © Royalty-Free/CORBIS, págs. 5, 39;
PhotoDisc Royalty Free de Getty Images, págs. 7, 13, 47. Las ilustraciones de las págs. 10, 14, 42
por © Laura Westlund/Independent Picture Service.

ediciones Lerner
Una división de Lerner Publishing Group, Inc.
241 First Avenue North
Minneapolis, MN 55401 EUA

Dirección de Internet: www.lernerbooks.com

Library of Congress Cataloging-in-Publication Data

Walker, Sally M.
  [Heat. Spanish]
  El calor / por Sally M. Walker ; fotografías por Andy King.
    p. cm. — (Libros de energía para madrugadores)
  Includes index.
  ISBN 978–0–8225–7718–8 (lib. bdg. : alk. paper)
  1. Heat—Juvenile literature.   I. King, Andy, ill. II. Title.
QC256.W3518 2008
  536—dc22   2007004098

Fabricado en los Estados Unidos de América
1 2 3 4 5 6 – DP – 13 12 11 10 09 08

CONTENIDO

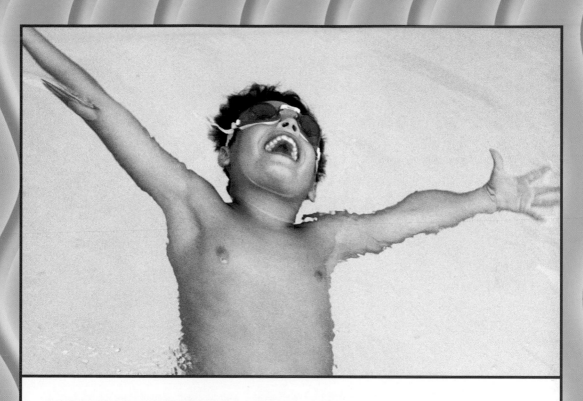

DETECTIVE DE PALABRAS

¿Puedes encontrar estas palabras mientras lees sobre el calor? Conviértete en detective y trata de averiguar qué significan. Si necesitas ayuda, puedes consultar el glosario de la página 46.

átomos	estados	moléculas
condensar	expande	punto de congelación
conduce	gases	punto de ebullición
congela	hervir	sólidos
derretir	líquido	temperatura
elemento	materia	termómetros

Si una planta recibe demasiado calor o frío, se muere. Pero la cantidad adecuada de calor ayuda a las plantas a crecer. ¿Cómo llamamos a la cantidad de calor que tiene un objeto?

CAPÍTULO 1
¿QUÉ ES EL CALOR?

El calor es importante para todos los animales y las plantas. Sin él, los seres vivos se mueren. Lo mismo pasa si reciben demasiado calor. Pero con la cantidad adecuada de calor, los animales y las plantas viven y crecen. El calor del sol ayuda a que los seres vivos estén saludables.

6

El calor es una forma de energía. La cantidad de calor que tiene un objeto se llama temperatura. El agua se convierte en hielo a una temperatura que se llama punto de congelación. El agua se convierte en gas a una temperatura que se llama punto de ebullición.

En este desierto hace mucho calor durante el día. La mayoría de las plantas y los animales no pueden vivir allí porque es demasiado caluroso y seco.

Medimos la temperatura en unidades llamadas grados. Los termómetros son herramientas que se usan para medir la temperatura.

Algunos termómetros miden la temperatura con una escala llamada Fahrenheit. En esta escala, el agua se congela a aproximadamente 32 grados, y hierve a aproximadamente 212 grados. Muchas personas en los Estados Unidos usan la escala Fahrenheit.

En algunos lugares, durante casi todo el invierno la temperatura está debajo del punto de congelación. El agua de los lagos se congela.

Cuando el agua hierve, se forman burbujas y vapor.

Otros termómetros miden la temperatura con una escala llamada Celsius. En esta escala, el agua se congela a aproximadamente 0 grados, y hierve a aproximadamente 100 grados. Todos los científicos usan la escala Celsius. También la usa la gente de casi todo el resto del mundo.

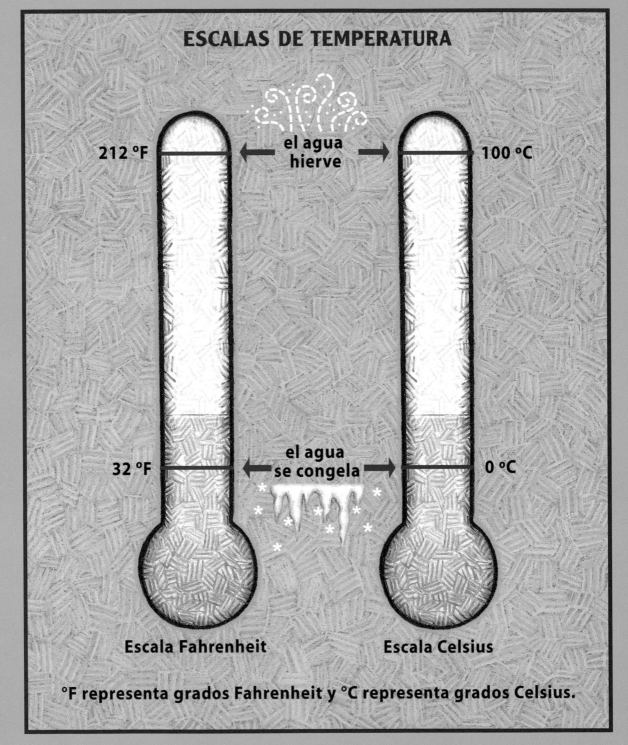

ESCALAS DE TEMPERATURA

212 ºF ← el agua hierve → 100 ºC

32 ºF ← el agua se congela → 0 ºC

Escala Fahrenheit   Escala Celsius

°F representa grados Fahrenheit y °C representa grados Celsius.

Hay muchos tipos de termómetros. Algunos miden la temperatura de una habitación. Algunos se usan para averiguar si una persona enferma tiene fiebre. Otros se usan para medir la temperatura de cosas muy calientes, como hornos o roca fundida. Y otros miden la temperatura de lugares fríos, como congeladores.

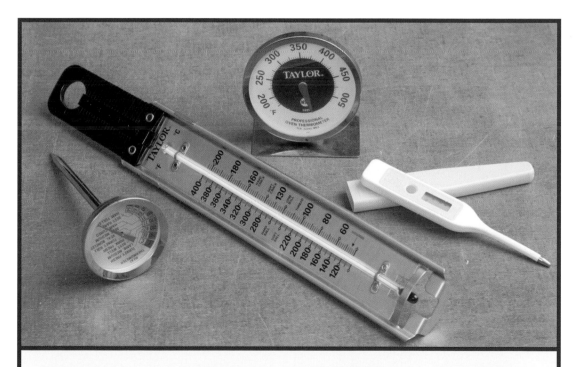

El termómetro de la izquierda se usa para cocinar carne. El termómetro largo de metal se usa para hacer caramelos. El termómetro de arriba mide la temperatura de un horno. El termómetro de plástico blanco se usa para medir la temperatura de una persona.

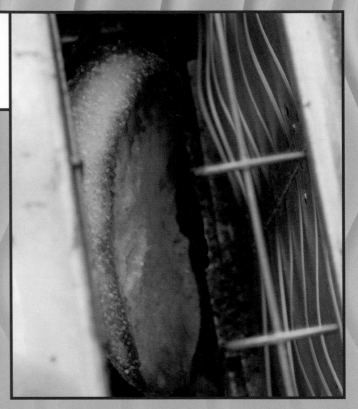

CAPÍTULO 2
¿CÓMO SE CREA EL CALOR?

Las calderas y los radiadores eléctricos calientan nuestras casas. Las cocinas y los hornos calientan la comida. Los motores de los autos crean calor cuando están en marcha. ¿Pero de dónde viene el calor? La respuesta está en la materia.

Toda materia ocupa espacio y puede pesarse.

La materia es todo lo que ocupa espacio y puede pesarse. Todos los objetos a tu alrededor están hechos de materia. Los libros, los lápices, el aire y la leche son materia.

La materia está formada por partículas diminutas llamadas átomos. Los átomos son tan pequeños que millones de ellos caben en el punto al final de esta oración.

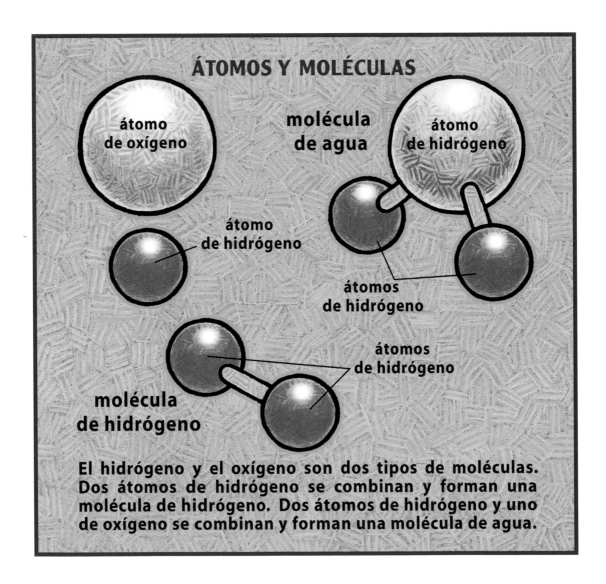

ÁTOMOS Y MOLÉCULAS

átomo de oxígeno

molécula de agua

átomo de hidrógeno

átomo de hidrógeno

átomos de hidrógeno

átomos de hidrógeno

molécula de hidrógeno

El hidrógeno y el oxígeno son dos tipos de moléculas. Dos átomos de hidrógeno se combinan y forman una molécula de hidrógeno. Dos átomos de hidrógeno y uno de oxígeno se combinan y forman una molécula de agua.

La parte oscura del centro de un lápiz se llama mina. Las minas de los lápices están hechas de un elemento llamado carbón.

Hay más de 100 tipos de átomos en la Tierra. Los tipos de átomos se llaman elementos. El oxígeno, el oro, el helio, el hidrógeno y el calcio son algunos de los elementos. Los átomos se pueden unir para formar grupos llamados moléculas. Algunas moléculas están formadas por un solo tipo de átomo. Las moléculas en el gas de hidrógeno puro están formadas por átomos de hidrógeno.

A veces, el agua gotea o fluye. Pero aun cuando está quieta, sus moléculas se mueven.

Pero la mayoría de las moléculas se forman cuando se unen tipos diferentes de átomos. Los átomos combinados crean una nueva sustancia. Se pueden unir dos átomos de hidrógeno con uno de oxígeno. Juntos forman una molécula de agua.

Los átomos y las moléculas siempre se están moviendo. Al moverse, crean calor. Tú no puedes verlo pero lo puedes sentir. Puedes ver cómo cambia a los objetos a tu alrededor.

Las moléculas calientes se mueven más rápidamente que las frías. Puedes comprobarlo con un experimento simple. Necesitarás dos tazones y un poco de colorante para alimentos.

Llena un tazón con agua muy fría. Llena el otro tazón con agua muy caliente del grifo. Ten cuidado de no quemarte.

Deja que el agua corra un poco antes de llenar cada tazón. Puede tardar un minuto o dos hasta que el agua esté muy fría o muy caliente.

Agrega una gota de colorante a cada tazón. No mezcles el agua. ¿Qué sucede? ¿El colorante se esparce más rápido en agua caliente o en agua fría? Se esparce más rápido en el agua caliente.

Agrega una gota de colorante a cada tazón.

El colorante se esparce más rápido en el agua caliente *(derecha)* que en el agua fría *(izquierda)*.

Espera dos minutos. Mira los tazones nuevamente. El agua caliente está casi completamente coloreada. Las moléculas calientes se mueven con rapidez, y por eso las moléculas del colorante se esparcen rápidamente. Pero no toda el agua fría se colorea. Sus moléculas frías se mueven lentamente. Las moléculas del colorante tardan mucho más en esparcirse.

CAPÍTULO 3
DE CALIENTE A FRÍO

La materia puede estar caliente, fría o en algún punto intermedio. Toca tu lengua. Tu lengua es materia tibia. Las moléculas en movimiento dentro de tu cuerpo crean mucho calor. Por eso tu lengua está tibia.

Los cubos de hielo están fríos. Sus moléculas no se mueven mucho.

Un cubo de hielo es más frío que tu lengua. Las moléculas del hielo apenas se mueven. Casi no crean calor.

El calor siempre se mueve de la materia más caliente a la más fría. Cuando tomas con tus manos una taza de chocolate caliente, el calor pasa del chocolate caliente hacia tus manos. El chocolate caliente se enfría y tus manos se calientan.

Tomar chocolate caliente te ayuda a entrar en calor en un día frío.

Cuando tomas un refresco frío, el calor pasa de tu cuerpo hacia el refresco. Esto te refresca.

Pasa lo contrario con una lata de refresco frío en un día caluroso de verano. Cuando colocas la lata fría contra tu mejilla caliente, el calor fluye de tu mejilla. Te sientes más fresco porque el calor se va de tu mejilla y pasa a la lata de refresco. El refresco y su lata se calientan.

Un grano inflado de palomitas de maíz es mucho más grande que uno no inflado. ¿Qué hace que el grano se haga grande?

CAPÍTULO 4

EL CALOR HACE QUE LA MATERIA SE HAGA MÁS GRANDE

Cuando la materia se calienta, se expande. Cuando la materia se expande, aumenta su tamaño. El gas se expande cuando se calienta. Puedes comprobarlo. Necesitarás una pajilla y un vaso alto.

24

Asegúrate de tener bien tapado el extremo de la pajilla durante todo el experimento. Si tu dedo se resbala, deberás comenzar de nuevo.

Llena el vaso con agua muy caliente del grifo. Ten cuidado de no quemarte. Mantén tu dedo bien apretado sobre un extremo de la pajilla. Esto evita que el aire de la pajilla se escape por el agujero del extremo.

Mantén el dedo sobre el agujero. Hunde el otro extremo de la pajilla en el agua. Observa el extremo de la pajilla que está en el agua caliente. Empuja lentamente el extremo de la pajilla casi hasta el fondo del vaso. ¿Qué sucede?

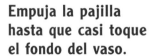
Empuja la pajilla hasta que casi toque el fondo del vaso.

Si no ves una burbuja de aire, inténtalo nuevamente. Asegúrate de que el agua del vaso esté muy caliente. Y no dejes que tu dedo se resbale del extremo de la pajilla.

Se forma una burbuja de aire en el extremo descubierto de la pajilla. Cuando colocas la pajilla en el agua, el calor calienta el aire que está en la pajilla. El aire comienza a expandirse y necesita más espacio. Pero no puede salir por la parte superior de la pajilla. Tu dedo lo bloquea. Entonces, el aire caliente empuja hacia abajo en el agua.

La materia sólida también se expande cuando se calienta. Las aceras están hechas de bloques de concreto. Tal vez has observado que hay espacios entre los bloques. En el verano, el sol calienta el concreto. El calor hace que la acera se expanda. Los espacios permiten que cada bloque se expanda. Si los constructores no dejaran los espacios, el concreto se quebraría.

Los espacios entre los bloques de la acera permiten que los bloques se expandan.

Los constructores dejan espacios entre las partes de un puente.

Los puentes de metal y concreto también tienen espacios entre sus partes. Los espacios permiten que las partes del puente tengan lugar para expandirse cuando cambian las estaciones. Sin los huecos, el puente se quebraría.

La materia líquida también se expande cuando se calienta. Puedes comprobarlo con un termómetro para exteriores y un tazón de agua tibia. Observa el tubo de vidrio del termómetro. En la parte inferior, hay un depósito rojo o plateado. ¿Puedes ver una delgada línea roja o plateada dentro del tubo? Viene desde el depósito y sube por el tubo. El color que ves es un líquido que está sellado dentro del tubo. ¿Hasta dónde llega la línea coloreada en el tubo?

Busca el fin de la línea coloreada en el termómetro. El número al lado del final de la línea indica la temperatura.

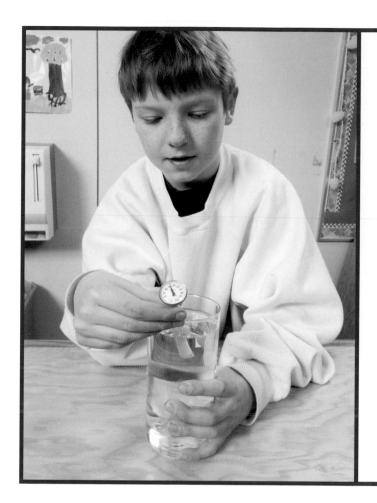

Algunos termómetros tienen una aguja en vez de un líquido coloreado. La aguja se mueve para señalar la temperatura.

Coloca el depósito del termómetro en el tazón con agua tibia. Observa la línea coloreada. ¿Qué hace? La línea se alarga. ¿Por qué? Porque la materia líquida dentro del tubo se está expandiendo. Mientras se expande, el líquido se eleva dentro del tubo de vidrio.

Si necesitas levantar una bandeja caliente, usa manoplas para horno o agarraderas. Las manoplas para horno y las agarraderas protegen tu piel para que no te quemes.

CAPÍTULO 5
CÓMO SE MUEVE EL CALOR

La materia conduce el calor. Esto significa que la materia permite que el calor la atraviese. Algunas materias conducen el calor más rápidamente que otras. Puedes comprobarlo. Necesitas un vaso alto, tijeras, papel de aluminio y una bandeja de corcho blanco o poliestireno. Además, pide un trapo a un adulto.

Pega con cinta las tiras de aluminio, de corcho blanco y de tela alrededor del vaso.

Corta una tira de papel de aluminio. La tira debe tener 1 pulgada (2.5 centímetros) de ancho y el largo suficiente para envolver el vaso. Luego, corta una tira del trapo y una de la bandeja de corcho blanco. Estas tiras deben tener el mismo tamaño que la tira de aluminio. Pega las tres tiras alrededor del vaso.

Llena el vaso con agua muy caliente del grifo. Ten cuidado de no quemarte. Lentamente cuenta hasta 15. Luego toca cada tira. ¿Qué tira está más caliente?

Llena cuidadosamente el vaso con agua caliente.

Toca cada una de las tres tiras. ¿Cuál se siente más caliente? ¿Cuál se siente más fría?

La lámina de aluminio es la más caliente. Sus moléculas conducen el calor rápidamente. La tira de tela está tibia. Sus moléculas conducen el calor más lentamente que la lámina de aluminio. El corcho blanco es el más frío porque conduce el calor muy lentamente. Esto se debe a que tiene muchas burbujas en su interior. El aire conduce el calor mucho más lentamente que el aluminio o el fieltro.

El papel aluminio está hecho de un metal llamado aluminio. Los metales son buenos conductores del calor. Por eso usamos sartenes metálicos para cocinar. El calor de un hornillo se mueve rápidamente a través del sartén metálico. Así, la comida en el sartén de metal se calienta con rapidez. Eso es bueno cuando tienes hambre.

Para cocinar, debemos agregar calor a la comida. La comida se calienta rápidamente en un sartén de metal. Por eso la comida también se cocina con rapidez.

El calor pasa del aire cálido a las bebidas frías. El calor hace que las bebidas se calienten. Una nevera de corcho blanco no conduce el calor del aire. Por eso mantiene las bebidas frías.

El corcho blanco no es un buen conductor del calor. A veces se usan tablas de este material para cubrir las casas. Las burbujas de aire del corcho blanco evitan que el calor se mueva con rapidez. Esto ayuda a mantener el aire cálido dentro de una casa. ¡Así la casa estará más calentita en un clima frío!

La madera es una materia sólida. ¿Qué tipo de materia es la leche?

CAPÍTULO 6
EL CALOR CAMBIA LA MATERIA

La materia se presenta en tres formas llamadas estados. Los tres estados son sólido, líquido y gaseoso. La madera es un sólido. La leche es un líquido. El aire que respiramos es un gas.

38

El hielo se derrite cuando se le agrega calor. El hielo sólido se convierte en agua líquida.

Cuando se agrega calor, la materia puede cambiar de un estado a otro. Cuando se agrega calor a un sólido, éste se convierte en un líquido. Esto se llama derretir. Cuando se agrega calor a un líquido, éste se convierte en un gas. Esto se llama hervir.

El interior de un volcán está muy caliente, tan caliente como para derretir la roca sólida. Cuando la roca se derrite, se convierte en un líquido llamado magma.

Cuando se agrega mucho calor al agua, ésta hierve. El agua cambia de un líquido a un gas llamado vapor de agua.

Cuando el agua se pone muy caliente, hierve. El agua se convierte en un gas.

El aire contiene vapor de agua. El calor pasa del vapor de agua, que está caliente, al vidrio frío. Cuando el vapor de agua pierde calor, se transforma en gotas de agua.

La pérdida de calor también puede hacer que la materia cambie de estado. Cuando un gas pierde calor, se convierte en líquido. Cuando el vapor de agua pierde calor, se convierte en líquido. El agua es una materia líquida.

Y cuando un líquido pierde calor, se convierte en un sólido. Si quitas suficiente calor del agua, se congela. Se convierte en una materia sólida llamada hielo.

CAMBIOS DE ESTADO

vapor
(gas)

Cuando se agrega calor a un líquido, éste se convierte en un gas. Esto se llama hervir.

Cuando se quita calor de un gas, éste se convierte en un líquido. Esto se llama condensar.

agua
(líquido)

Cuando se quita calor de un líquido, éste se convierte en un sólido. Esto se llama congelar.

hielo
(sólido)

Cuando se agrega calor a un sólido, éste se convierte en un líquido. Esto se llama derretir.

El calor del sol hace que un día frío se sienta más cálido.

Has aprendido mucho sobre el calor. Aunque no puedes ver el calor, sabes que está allí. Está dentro de tu cuerpo y en todo lo que ves y tocas. Explora tu hogar, escuela y vecindario. Conviértete en un detective del calor. Busca pistas del calor en tu vida.

SOBRE COMPARTIR UN LIBRO

Al compartir un libro con un niño, usted demuestra que leer es importante. Para aprovechar al máximo esta experiencia, lean en un lugar cómodo y tranquilo. Apaguen el televisor y eviten otras distracciones, como el teléfono. Estén preparados para comenzar despacio. Túrnense para leer distintas partes del libro. Deténganse de vez en cuando para hablar de lo que están leyendo. Hablen sobre las fotografías. Si el niño comienza a perder interés, dejen de leer. Cuando retomen el libro, repasen las partes que ya han leído.

DETECTIVE DE PALABRAS

La lista de la página 5 contiene palabras que son importantes para entender el tema de este libro. Conviértanse en detectives de palabras y búsquenlas mientras leen juntos. Hablen sobre el significado de las palabras y cómo se usan en la oración. ¿Alguna de estas palabras tiene más de un significado? La definición de las palabras se encuentra en el glosario de la página 46.

¿QUÉ TAL UNAS PREGUNTAS?

Use preguntas para asegurarse de que el niño entiende la información de este libro. He aquí algunas sugerencias:

¿Qué nos dice este párrafo? ¿Qué muestra la imagen? ¿Qué crees que aprenderemos ahora? ¿Qué sucede cuando se calienta la materia? ¿Por qué las aceras tienen espacios entre los bloques? ¿Por qué el calor se mueve lentamente a través del corcho blanco? ¿Cuáles son los tres estados de la materia? ¿Cuál es tu parte favorita del libro? ¿Por qué?

Si el niño tiene preguntas, no dude en responder con otras preguntas, como: ¿Qué crees *tú*? ¿Por qué? ¿Qué es lo que no sabes? Si el niño no recuerda algunos datos, consulten el índice.

PRESENTACIÓN DEL ÍNDICE

El índice le permite al lector encontrar información sin tener que revisar todo el libro. Consulte el índice de la página 48. Elija una entrada, por ejemplo, *congelar*, y pídale al niño que use el índice para averiguar a qué temperatura se congela el agua. Repita este proceso con todas las entradas que desee. Pídale al niño que señale las diferencias entre un índice y un glosario. (El índice le sirve al lector para encontrar información, mientras que el glosario explica el significado de las palabras.)

EL CALOR

LIBROS

Ball, Jackie. *Heat*. **Milwaukee: Gareth Stevens, 2003.** Averigua cómo puedes hacer la mejor pizza caliente, cómo se calientan los animales, cómo funciona un horno microondas y mucho más.

Tocci, Salvatore. *Experiments with Heat*. **Nueva York: Children's Press, 2002.** Este libro es una colección de experimentos que te ayudan a aprender sobre el calor.

Wood, Robert W. *Heat Fundamentals: Funtastic Science Activities for Kids.* **Philadelphia: Chelsea House, 1999.** Este libro presenta 36 experimentos simples.

SITIOS WEB

Go Figure—How Popcorn Pops
http://www.kidzworld.com/site/p547.htm
Averigua cómo el calor hace que las palomitas de maíz se inflen.

Materials: Solids, Liquids, and Gases
http://www.bbc.co.uk/schools/revisewise/science/materials/08_act.shtml
Este sitio tiene información sobre los estados de la materia, actividades adicionales y cuestionarios.

Thermometer
http://pbskids.org/zoom/activities/sci/thermometer.html
Aprende cómo hacer tu propio termómetro.

GLOSARIO

átomos: las partículas diminutas que forman las cosas

condensar: cambiar de gas a líquido

conducir: dejar atravesar algo. La materia conduce el calor.

congelar: cambiar de líquido a sólido

derretir: cambiar de sólido a líquido

elemento: una sustancia que no puede dividirse en diferentes sustancias porque está formada por un solo tipo de átomo

estados: las formas de la materia, que pueden ser sólida, líquida y gaseosa

expandir: hacer más grande. Cuando la materia se calienta, se expande.

gases: sustancias que pueden cambiar su tamaño y forma. El aire es un gas.

hervir: cambiar de líquido a gas

líquido: una sustancia que fluye con facilidad. El agua es un líquido.

materia: de lo que están hechas todas las cosas. Toda materia ocupa espacio y puede pesarse.

moléculas: las partes más pequeñas de una sustancia. Una molécula está formada por átomos que se unen.

punto de congelación: la temperatura a la que el agua se convierte en hielo

punto de ebullición: la temperatura a la que el agua se convierte en gas

sólidos: sustancias que permanecen del mismo tamaño y forma. La madera es un sólido.

temperatura: la cantidad de calor que tiene un objeto

termómetros: herramientas que se usan para medir la temperatura

ÍNDICE